¡Axolotl! (¡¿Axo-qué-tl?!)

DATOS CURIOSOS SOBRE LA SALAMANDA MÁS GENIAL DEL MUNDO

LIBRO INFORMATIVO ILUSTRADO PARA NIÑOS

Susan Mason

Primera impresión, 2016

Reconocimientos

Stan Shebs
Timothy Hsu
Gary Nafis

(Fotografías)

Para mi hija Emma,

quien ama leer

¡Axolotl! (¡¿Axo-qué-tl?!)

Datos curiosos sobre la salamandra más genial del mundo

Tabla de Contenidos

Axolotl

Los axolotls son geniales. Y son geniales por muchas razones. ¡Comencemos con el nombre!

El nombre "Axolotl" se pronuncia "a-sho-lo-tl". Proviene del náhuatl, idioma que hablaban los aztecas, un antiguo pueblo del centro de México. Al "Axolotl" también se le conoce como "ajolote" o "monstruo de agua".

Al axolotl también se le conoce como ajolote

La palabra axolotl también está relacionada con el dios azteca Xólotl. En la mitología azteca, Xólotl era un dios en forma de perro.

La estatua de Xólotl en exhibición en un museo en la Ciudad de México

Xólotl era un dios al que se le relacionaba con la puesta del sol. También se le relacionaba con el fuego, los relámpagos y la muerte.

Él protegió el sol mientras viajaba por el inframundo todas las noches, para traerlo de regreso a salvo por la mañana.

A Xólotl se le relacionaba con la puesta del sol

El dios Xólotl tenía la forma de dos animales espirituales. Uno de ellos era el perro mexicano sin pelo, que todavía existe hoy en día. Esta antigua raza de perro se remonta a hace más de 3500 años.

Perro mexicano sin pelo

La segunda forma de animal espiritual del dios Xólotl era el Axolotl.

Al axolotl se le relaciona con la mitología azteca

Salamandra

Los axolotls son unas salamandras geniales. A veces se les llama salamandras mexicanas, debido a que México es el único país en el mundo en el que se encuentran en estado salvaje.

Salamandra Mexicana

Cuando todavía vive bajo el agua, la pequeña salamandra tigre parece un axolotl. En ese momento, todavía no se ha convertido en un adulto terrestre. A esta fase de desarrollo se le conoce como fase larvaria.

Los axolotls son como la salamandra tigre cuando son larvas

Anfibios

A pesar de que algunas personas lo llaman el "pez andante mexicano", la salamandra axolotl no es un pez, es un anfibio.

Hay tres tipos de anfibios: en primer lugar están las salamandras, en segundo lugar las ranas y sapos, y en tercer lugar los cecílidos (que suelen vivir bajo tierra).

Las salamandras y las ranas son anfibios

Ciclo de Vida

Muchos anfibios comienzan su vida dentro de un huevo que contiene una especie de gelatina. Los huevos son depositados en el agua. El huevo hace eclosión y el pequeño anfibio sale de la gelatina.

"Renacuajo" es el nombre que le damos a las ranas y sapos bebé (o larvas).

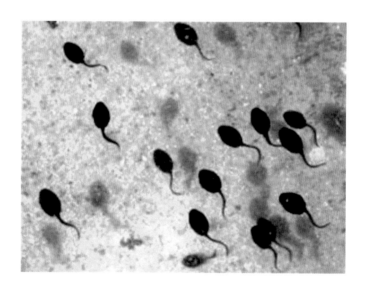

Renacuajos – las ranas bebé

Después de la eclosión, el anfibio bebé tiene branquias para respirar bajo el agua y una cola con una aleta para nadar. Cuando crece, le empiezan a crecer las patas.

Cuando se desarrolla por completo, cambia rápidamente su forma para adquirir un cuerpo de adulto. Pierde las branquias y sus pulmones crecen para respirar aire.

Larva de salamandra tritón con cresta

Pierde la aleta de la cola y le crecen patas mucho más grandes. Posteriormente sale del agua para vivir en tierra.

Sin embargo, en el caso de algunas salamandras, incluyendo los axolotls, las larvas no eclosionan como renacuajos. En vez de eso, las larvas crecen dentro de los huevos, y salen como si fueran adultos, pero en miniatura. ¡Qué genial!

Huevos de axolotl creciendo para ser adultos en miniatur

Neotenia

Los axolotls son anfibios inusuales porque no pasan por el proceso de metamorfosis. Esto significa que en vez de desarrollar pulmones e irse a vivir a tierra como las otras salamandras, los axolotls adultos conservan sus branquias y continúan viviendo en el agua.

Los axolotls no pasan por la metamorfosis

Esta es una condición conocida como neotenia y ocurre cuando un animal crece muy lentamente. Suele deberse a que hay problemas con el ambiente del animal, como bajas temperaturas en el agua o falta de alimento.

La neotenia suele relacionarse con problemas en el ambiente

Además, si hay problemas con las condiciones de la tierra, permanecer en el agua para poder reproducirse puede proteger a los animales como los axolotls, y ayudarles a que sobrevivan.

Entonces, como resultado de la neotenia, los axolotls por lo general nunca se parecen a una salamandra adulta.

Sin embargo, existen excepciones, y se ha sabido que en casos extremadamente raros los axolotls maduran completamente y salen del agua.

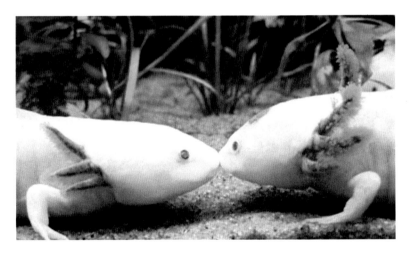

Los axolotls siguen viviendo en el agua

De igual forma, pueden reproducirse como larvas en agua y adultos en tierra. ¡Genial!

Apariencia

Los axolotls pueden crecer hasta una longitud de 30 cm, pero lo más probable es que midan aproximadamente 15 cm de largo. Pesan entre 60g y 230g. Tienen diferentes colores. Suelen ser de color negro o marrón moteado, pero existen variedades albinas y blancas que son bastante comunes, particularmente en el caso de las mascotas.

Naturalmente, los axolotls tienen piel moteada negra u oscura

Los axolotls albinos pueden presentarse cuando ocurre una mutación. Cuando esto pasa, pierden la pigmentación natural de la piel, y pueden adquirir un color rosa pálido con ojos pálidos o negros, o un color albino dorado.

Los axolotls melanoides de color negro en realidad pueden cambiar su color para adquirir uno gris más claro o más oscuro, y de esta forma pueden mezclarse con su entorno. ¡Genial!

Axolotl pálido

El Axolotl tiene ojos anchos y sin párpados, un cuerpo largo y delgado naturalmente oscuro, y patas cortas. Cuentan con dedos en sus patas.

Tienen una aleta parecida a la de los renacuajos, que corre a lo largo de la mayor parte de su espalda, y cuenta con tres branquias en ambos lados de su cabeza para que pueda respirar debajo del agua.

Los axolotls tienen dedos en sus patas

Regeneración

Si un axolotl se lesiona, lastima o pierde una extremidad, no cicatriza como lo hacen los humanos. En vez de eso, puede regenerarse, eso significa que puede hacer que crezcan diferentes partes de su cuerpo. Puede hacerlo en el transcurso de unos meses. ¡Algunos han sido descubiertos restaurando pequeñas partes de sus cerebros!

Los científicos estudian la habilidad de sanar del axolotl

Debido a que tienen esta fantástica habilidad para regenerar las partes del cuerpo que pierden y se dañan, los axolotls son probablemente las salamandras más científicamente estudiadas en el mundo.

Los axolotls pueden regenerar las partes del cuerpo que pierden

Los axolotls pueden aceptar con facilidad partes del cuerpo trasplantadas de otros axolotls, incluyendo los ojos. Estos órganos se vuelven parte de su nuevo cuerpo, y regresan a su funcionamiento normal.

Además, se ha sabido que en algunos casos los axolotls reparan una extremidad lesionada, ¡y regeneran una adicional! ¡¿No es algo verdaderamente genial?!

Hábitat

Xochimilco, localizado cerca de la Ciudad de México, es un complejo de lagos y canales. Es el único lugar en el que los axolotls viven en estado salvaje.

Una trajinera en un canal en Xochimilco

Los axolotls son muy sensibles a la temperatura. La temperatura del agua en la que viven debe ser de entre 10 a 15 grados Celsius.

En caso de estar en temperaturas menores a 10 grados, su metabolismo puede ralentizarse y se desplazan con más lentitud.

Por otro lado, si la temperatura es mayor de 15 grados, los axolotls pueden llegar a ser vulnerables enfermedades.

Lago de Xochimilco, México

Alimentación

Los axolotls comen carne, es decir, son carnívoros. Pueden sobrevivir en la naturaleza hasta 15 años, llevando una dieta de presas pequeñas como gusanos, crustáceos, moluscos, insectos y peces pequeños.

Los axolotls son carnívoros

Los axolotls localizan su alimento con el sentido del olfato, y se abalanzan contra cualquier comida potencial, chupan la comida hacia sus estómagos con fuerte succión. ¡Genial!

Sin embargo, también tienen dientes pequeños que pueden utilizar para sujetar el alimento antes de tragarlo por completo. Estos dientes son demasiado pequeños para lastimarnos si nos muerden.

Los axolotls pueden localizar la comidacon el sentido del olfato

Especie en Peligro de Extinción

Siempre han existido algunas amenazas naturales para la supervivencia del axolotl, incluyendo las aves depredadoras como las garzas. Sin embargo, más recientemente los axolotls han sido víctimas de la introducción de un gran número de peces en el hábitat de su lago, como la carpa.

Las garzas son depredadores naturales del axolotl

Estos peces compiten con los axolotls por comida, iy también se comen los huevos del axolotl. Como resultado, ha disminuido la población de los axolotls.

Otra causa de la disminución en el número de axolotls es la expansión de la cercana ciudad de México. Esto ha llevado a la contaminación de muchas de las aguas del lago de Xochimilco.

Ciudad de México

Los axolotls también son mascotas y alimentos populares. El axolotl es considerado una delicia en algunas partes de México.

Todos estos factores han jugado un papel en la reducción del número del axolotl en estado salvaje. Ahora se consideran una especie en crítico peligro de extinción- una especie que probablemente se extinguirá.

Axolotl como Mascotas

Los Axolotls se pueden tener como mascotas. Para cada Axolotl, un tanque necesita al menos 10 galones de agua limpia y buena a la temperatura adecuada.

Es seguro tener arena en el fondo del tanque, junto con plantas y cuevas para que los Axolotls jueguen y se escondan. No se necesita iluminación especial.

Los axolotls se pueden mantener en tanques.

Es mejor mantener a los Axolotls solos, lejos de otros peces o salamandras que puedan morder. Los Axolotls más jóvenes también se mantienen mejor separados, ya que también pueden morderse entre sí.

Los axolotls juegan entre plantas de tanque

Las mascotas de Axolotl pueden comer lombrices de tierra y otras lombrices. Para darse un gusto, les gusta comer camarones congelados, gusanos de la harina, atún y pollo o carne magra.

El Futuro de los Axolotls

Sin embargo, su popularidad como mascotas, significa que a pesar de los retos que enfrentan en la naturaleza, los axolotls siguen prosperando. Incluso si algún día ya no es posible encontrarlos en su hábitat natural, podremos seguir disfrutando de ellos en cautiverio durante muchos años venideros.

Los axolotls son mascotas populares

Glosario

Anfibio: animal de sangre fría con columna vertebral.

Ceciliano: anfibio tropical parecido a un gusano, casi ciego

Contaminación: hacer algo impuro o dañino

Crustáceo: animal con cuerpo y extremidades segmentados y cubiertos de corteza (como un camarón)

Depredador: se alimenta de otros animales

Inframundo - lugar para las almas de los muertos

Metamorfosis: cambio total de un organismo de una forma a otra.

Mitología - colección de historias antiguas

Molusco: animal de cuerpo blando, a menudo con una concha (como un caracol o un mejillón)

Mutación: diferencia de forma o naturaleza entre los padres y sus crías.

Pigmentación: coloración, a menudo de la piel.

Oferta Gratuita

Si deseas recibir imágenes de este libro para colorearlas, por favor vaya a este sitio web:

bubblepublishing.com/free-axolotl-colouring-pictures/

para recibir tu copia gratuita.

Mensaje del Autor

Si te gustó este libro, sería maravilloso si pudieras dejar un comentario en Amazon para hacerme saber tu opinión.

Simplemente dirígete a la página de compra de ¡Axolotl! en Amazon, y agrega tu comentario al final de la página

¡Me encantaría tener noticias de tu parte!

Susan Mason

Made in the USA
Coppell, TX
01 December 2021

66833291R00026